Les leviers

écrit par Caroline Rush
et
illustré par Mike Gordon

GAMMA • ÉCOLE ACTIVE

Dans la collection *Je découvre les sciences :*

- La lumière
- La chaleur
- L'électricité et le magnétisme
- Les squelettes et le mouvement
- Les roues et les engrenages
- Les leviers
- Les pentes
- Les poulies

titre original : *Levers.*

Dépôt légal : mars 1998.
Bibliothèque nationale.
ISBN 2-7130-1844-7.

Exclusivité au Canada :
Éditions École Active
2244, rue de Rouen, Montréal, Qué. H2K 1L5.
Dépôts légaux : 2e trimestre 1998.
Bibliothèque nationale du Québec,
Bibliothèque nationale du Canada.
ISBN 2-89069-579-4.

Loi n° 49-956 du 16 juillet 1949
sur les publications destinées à la jeunesse.

Imprimé en CEE.

Sommaire

Tous les jours, nous utilisons des machines pour effectuer divers travaux.
Certaines de ces machines sont grosses et compliquées.

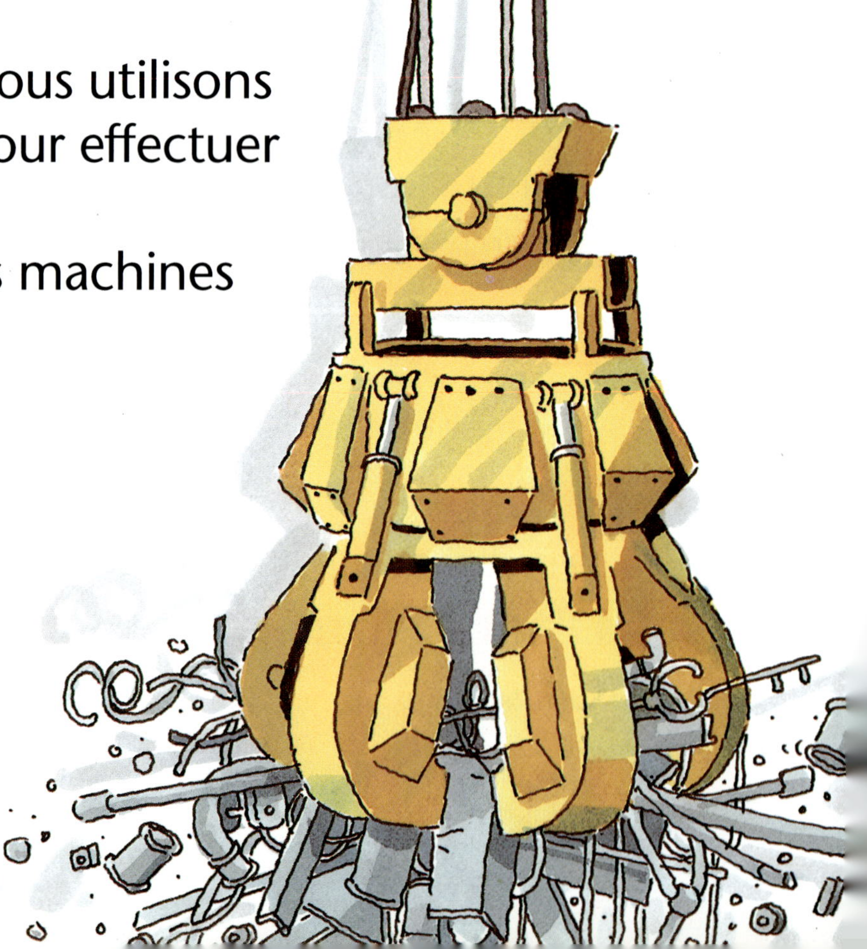

Il y a aussi des machines
très simples. Le levier
est l'une des plus simples.

Un levier permet de déplacer plus facilement des objets. Il transforme une petite force en une plus grande force. Une force est l'énergie capable de déformer un objet ou de le mettre en mouvement. La poussée et la traction sont des forces.

Fais une boule
de pâte à modeler.
Malaxe-la
et donne-lui
différentes formes.

La force de tes doigts
déforme la pâte à modeler.

Les leviers furent probablement utilisés par les hommes de la Préhistoire. Ils se servaient de branches d'arbre comme leviers pour déplacer de lourds rochers.

Réalise cette expérience. Prends un bâton solide et glisse une de ses extrémités sous une lourde caisse. Place ensuite un petit objet sous le bâton et près de la caisse.

Appuie sur l'autre extrémité du bâton.
Tu peux ainsi constater qu'il est plus facile de soulever la caisse.

Un levier comporte trois parties.

Tu utilises beaucoup de leviers.

Sur ta table de travail…

dans le jardin…

dans la maison…

au garage.

Un levier,
le pied-de-biche,
peut être très utile
à un cambrioleur !

Dans un parc, tu peux même t'asseoir sur un levier !

Un tapecul est un levier. Quand tu t'assois sur un côté, ton poids agit comme une force. Il pousse ce côté en bas et l'autre en haut. Deux enfants d'un même poids peuvent se balancer de haut en bas sur un tapecul.

Fabrique un tapecul. Place une longue planche de bois sur une brique. Assure-toi que la brique est bien placée au milieu de la planche. L'endroit où se trouve la brique s'appelle le point d'appui du levier.

Que se passe-t-il si deux enfants s'assoient du même côté du tapecul ?

Rapproche la brique de l'extrémité où se trouve le poids le plus lourd. Que se passe-t-il maintenant ?

Un poids léger peut soulever un poids plus lourd si ce dernier se trouve près du point d'appui du levier.

Il existe des leviers de toutes formes
et de toutes tailles.

Une brouette est un levier. La roue est le point d'appui. Il suffit d'une faible force pour soulever les brancards et porter une lourde charge.

Un casse-noix est aussi un levier. Le point d'appui se trouve à l'endroit où les deux branches se rejoignent. La faible pression que tu exerces sur les deux branches devient une force beaucoup grande près du point d'appui, force capable de briser des noix.

Une pince à gâteau est également un type de levier. Le point d'appui se trouve aussi à l'endroit où les deux branches se rejoignent. Tu appliques une pression au milieu de la pince, ce qui te permet de prendre des gâteaux.

Certaines parties de ton corps sont des leviers.
Ton bras est un levier qui te permet
de porter de lourdes charges.

Tes muscles exercent une force qui actionne
les os de ton bras. Ton coude sert
de point d'appui.

Certains leviers ne déplacent pas de poids ; ils mettent seulement des objets en mouvement.

Fabrique la marionnette d'un dangereux crocodile avec une gueule comme levier.

Tu as besoin de :
- carton
- 2 attaches

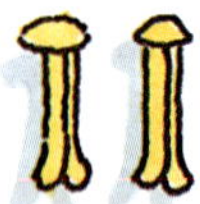

- 1 baguette de bois
- ruban adhésif

1. Découpe dans le carton la forme de crocodile *a*, la gueule *b* et la bande *c*.

2. Assemble
la gueule et la bande
avec une attache.

3. Assemble la gueule et le corps
avec une autre attache.

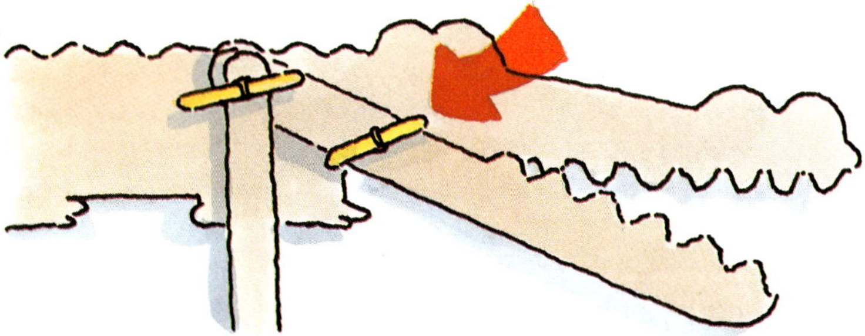

4. Fixe la baguette de bois
avec du ruban adhésif pour avoir un manche.

5. Tire sur la bande
de carton pour
actionner la gueule.

Pour aller plus loin

• Rechercher tous les objets utilisant le principe du levier et encourager les enfants à les utiliser.
• Étudier le principe d'une force, y compris les différents moyens de produire des forces.
• Étudier la manière dont un levier multiplie une force. Encourager les enfants à faire des expériences en modifiant la position du point d'appui par rapport au point d'application de la force motrice et à celui de la force résistante.
• Faire des essais avec les différents modèles réalisés. Analyser, discuter et enregistrer les résultats de ces essais.
• Classer les leviers en trois types et comparer leurs propriétés. Pour le premier type, le point d'appui se trouve entre les deux forces (tapecul) ; pour le second, la force résistante se trouve entre le point d'appui et la force motrice (casse-noix) ; pour le dernier, la force motrice se trouve entre la force résistante et le point d'appui (pince à gâteau).

D'autres livres à lire

Je pousse, tu tires, collection *Je découvre la vie*, Gamma.
La magie des machines, collection *La magie de…*, Gamma.

Glossaire

un brancard : bras d'une brouette, d'une civière ou d'une charrette.

une branche : bras d'un appareil ; branche d'un casse-noix, d'une pince à gâteau…

un bras de levier : distance entre le point d'application d'une force et le point d'appui du levier.

une charge : ce qui pèse et qu'un levier doit mettre en mouvement.

une énergie : capacité de produire un travail.

une force : toute cause capable de déformer un objet ou d'en modifier le mouvement.

une force motrice : force que l'on applique sur le bras d'un levier pour mettre une charge en mouvement.

une force résistante : charge qui s'exerce sur le bras d'un levier et que l'on doit mettre en mouvement.

une machine : objet destiné à effectuer un travail plus facilement.

un point d'appui : point autour duquel bascule un levier.

une poussée : force exercée en poussant un objet.

une résistance : force qui s'oppose au mouvement ou à la déformation d'un objet.

une traction : force exercée en tirant un objet.

Index